GABRIELLE RANDON

MYSTÈRES

DES

COULISSES DE L'OPÉRA

RÉVÉLATIONS

PREMIÈRE ÉDITION

PARIS
LIBRAIRIE GODOT
70, RUE TAITBOUT
1885

IMITATION

DES

IMPRÉCATIONS DE CAMILLE

Pluque!!! ce nom divin laisse mon âme attendrie
Pluque!!! ce mot sonne doux à mon oreille ravie
Pluque!!! son harmonieux à nul autre pareil
Pluque!!! ce nom indique qu'on sait jouer de l'orteil
Pluque!!! nom poétique et même arlequinois
Pluque!!! nom léger comme une plume d'Iroquois
Pluque!!! en le disant même d'un ton pénétré
Pluque??? repète l'écouteur et il vous rit au nez
Pluque!!! voilà un nom d'un pantin, d'un sauteur!
Pluque est bien le vrai nom d'un grand maitre danseur.

GABRIELLE RANDON.

SATYRE

Le 1er avril de l'année des grâces mil huit cent treize naquit, à Montmorency, César Napoléon de Pluque. Son père, prussien de naissance, avait nom Martin du Jarret de Pluque, sa mère, une opulente flamande, s'appelait Jacqueline de Ballonée. Dès sa plus tendre enfance, César Napoléon de Pluque montra son goût prononcé pour les entrechats, il tournait déjà ses petites orteils en dehors lorsque sa mère l'emmaillotait; ses premiers pas furent des sauts de carpe. Un jour, sa mère le mena aux Funambules; il faillit devenir fou de joie en voyant un arlequin; des larmes d'attendrissement coulèrent de ses yeux, il dit à sa mère : je ne veux plus aller à l'école, je veux être danseur ! Mais malheureux, lui dit sa mère avec l'accent flamand que l'on connaît, mais malheureux, tu ne sais à peine signer ton nom, mon fils, savez-vous que je ne vous retirerai pas de l'école. N'importe répondit le jeune homme, gracieux comme je le suis, danseur comme je le serai, je serai reçu par l'élite du haut monde. Un danseur est reçu partout.

A partir de ce jour, l'intéressant jeune homme tomba dans un mutisme complet dont il ne sortait que lorsque l'un de ses camarades tirait une ficelle pour faire danser un pantin; alors il s'écriait :

— Que c'est beau ! je veux être danseur !

Tant que pour l'école, ni les prières de sa mère ni les rossées qu'il reçut de son père ne purent le déterminer à y retourner, il n'était pas né à Montmorency pour des prunes; l'Arlequin des Funambules était toujours présent à sa pensée et les corrections qu'il recevait ne faisaient que le faire danser.

Un jour que son père l'avait rossé plus que de coutume pour avoir brûlé son syllabaire et que le jeune homme, comme réplique, avait pincé un « cavalier seul », son père, de guerre lasse, le mena chez Cellarius qui, lui ayant regardé les pieds, demanda si réellement ce n'était pas une farce de mauvais plaisant et si l'on pensait à faire danseur un jeune homme avec de pareilles embarcations.

— Je dirai même radeaux, ajouta Cellarius, en riant.

Le père répondit qu'il était sérieux et que son fils, depuis qu'il avait aperçu un Arlequin aux Funambules, n'avait pas cessé de danser.

Cellarius fnt sourd à cette plainte paternelle et ne voulut pas entreprendre le jeune homme ; ses pieds lui faisaient peur.

— Pourtant, dit-il en reconduisant ses visiteurs, il y aurait de l'argent à gagner en montrant votre fils dans les théâtres forains, rien que pour les pieds.

Du Jarret dit alors à son fils :

— Tu fois, mon envan, apantonne don itée te tanser.

Le jeune homme fut aussi sourd à l'ordre de son père que Cellarius l'avait été pour le prendre comme élève ; il se sentait des fourmis dans les tibias, il s'échappa de la maison paternelle, toujours en dansant et devint danseur et, on ne sut jamais comment, régisseur général de la danse de l'Académie nationale.

La passion de la danse est devenue un culte.

O Grand Vestris ! comment se fait-il que tu ne danses plus et que tu te contentes seulement de faire danser les autres, sans même de ficelle à tirer ?

Maintenant, Grand Vestris, celle qui va écrire te salue avec le respect dû à un grand homme dont les restes mortels reposeront au Panthéon.

GABRIELLE RANDON.

PRÉFACE

Veritas! Veritas!
ab ovo usque ad mala.

On a écrit la *Question de l'Opéra*, le *Fleuret de l'Opéra*, mais on n'a jamais écrit les mœurs du personnel de l'Opéra ; il semble qu'aucun écrivain n'ait été assez osé pour le faire.

Pourquoi cette exception de l'Opéra plus que d'un autre théâtre, et pourquoi donner une apparence dorée à tout ce qui le concerne ?

Moins difficile pour la beauté des femmes que tout autre théâtre, l'Opéra est le réceptacle de toutes les anomalies, de toutes les mœurs pudiques et impudiques. Je ne parle pas des artistes, qui sont tous supérieurs ; ma plume, trop modeste pour faire des commentaires sur Mme Krauss, ne peut que s'incliner devant son incomparable talent. Mme Lureau fait frissonner par ses notes cristallines, et j'ai souvent encouru les rebiffades des chefs pour écouter aussi longtemps que possible cette voix puissante, harmonieuse et limpide. Que dirai je du superbe Lassalle, si ce n'est que c'est un Talma du chant. Je me suis souvent demandé comment Sellier pouvait rester si froid lorsqu'il jouait avec lui. Lassalle semble être l'incarnation du feu sacré du chant.

Boudouresque est beau, sympathique et charmant; son rire est si naturel qu'il m'a souvent gagnée.

Une jeune débutante, que j'ai déjà célébrée, est belle et puissante dans tous ses rôles, cette jeune, virile Mlle Figuet, est admirable dans la mère du *Prophète*.

Il y a une artiste dont on commente souvent la tenue et les passions hors nature, et les remarques entendues par moi dans les coulisses sont vraies. Avec un tel embonpoint, une apparence aussi vulgaire, il est inutile de se tenir raide comme un gendarme, et de toiser les gens, en mettant son ventre en avant, pour se donner de la dignité dans la démarche, car, en faisant ainsi, cette artiste a l'air d'une charcutière, fière de son étale. Cela est bien différent d'un port de reine qu'elle croit se donner par son air bravache et de forte en gueule. Elle se trompe; une artiste ne doit jamais oublier que la perfection n'existe pas, qu'il est de première nécessité de connaître ses défauts, et qu'une femme grosse, courte et commune, ne sera jamais majestueuse et n'en imposera pas par son apparence : un maintien modeste atténue les défauts physiques. La voix est la seule chose que l'on applaudit chez Mlle Richard.

Personne n'a jamais dit la vérité sur l'Opéra, je serai celle-là !!!

GABRIELLE RANDON.

MYSTÈRES

DES COULISSES DE L'OPÉRA

RÉVÉLATIONS

O! tempora! o! mores!

Anathème sur tout ce qui ne vit pas de la pensée. Disons raca, et même racaille de tout ce qui n'est pas ardent, jeune, beau et passionné.

DE BALZAC.

J'entrai à l'Opéra vers le mois de novembre 1883. A cette époque, l'on jouait *Henri VIII* et Mlle Subra faisait les délices du ballet de cette pièce qui est un chef-d'œuvre.

Comme je veux principalement parler des femmes et du personnel de l'Opéra, je dirai d'abord qu'il contient trois classes distinctes: les dames choristes, les dames de la danse, puis la figuration.

Les dames choristes, toutes femmes d'éducation et bien élevées, sont exclues du foyer. Je me suis souvent demandé pourquoi? Et j'ai conclu que le chef suprême, Pluque César, voulant contredire ce que Balzac a dit des danseurs, a pris cette mesure pour don ner plus d'importance à l'art chorégraphique, en n'admettant absolument que les danseuses au grand foyer, dont le splendide plafond est orné de toutes les célébrités de la danse.

La figuration, traitée avec mépris par la danse, avait, à l'ancien Opéra, droit au foyer; mais maintenant, toujours par les ordres de Pluque César, il est interdit même, à une figurante, de stationner devant le foyer; elle pourrait gêner les abonnés et détourner pour un moment l'attention des adorateurs de ces dames.

Pluque César, avec des notions *paternelle*, veille aux intérêts de ses sujettes; mais il aura beau faire, on ne verra jamais un danseur occuper un fauteuil vacant des quarante.

Pluque César, un ex-danseur, élevé au rang de régisseur, ancien cent garde de Napoléon-le-Petit, est le type personnifié d'un bouvier allemand et d'un maître d'école. Il inspire une grande terreur aux danseuses et le physique de cet homme est fait pour cela; en le dépeignant, on n'en sera pas étonné. Le corps grand et lourd, les mains et les pieds énormes et plats, la figure pâle et longue, les lèvres lippues, le nez sans race, enclin à regarder le ciel et aux narines pincées et immobiles, les joues pendantes et les yeux gris atones, sans cils ni sourcils; au-dessus des paupières inférieures, deux petites poches de chair flasque comme deux petites blagues à tabac.

Il essaye de les cacher en portant constamment un binocle. Cette physionomie respire la pédanterie, la lâcheté et la sécheresse du cœur.

Digne disciple de Napoléon-le-Petit, valet avec ses supérieurs et arrogant avec les faibles. Je ne sais pas qui a fait les vers suivants :

Le voilà le beau Pluque, à mine intelligente.
Le voilà le beau sire, cet émule de Mérante.
Trop bête sur l'honneur, pour créer un ballet,
Il est grand régisseur de ce qu'il n'a pas fait.

Grossier et impoli, cet homme ne répond jamais à un bonjour, ni à une salutation; ne parle presque pas et a la parole gênée, sans doute à cause de son ignorance sur tout autre sujet qui ne traite pas de sauts de carpes de ballonnes et d'entrechats.

Je passe; le sujet n'est pas assez intéressant pour que je fasse une dissertion, et je serai fidèle à ce que j'ai dit: faire une étude des mœurs du personnel de l'Opéra.

Il est dérisoire de voir comme les chefs sont servis et comme ils placent leur confiance illimitée chez des serviteurs qui exploitent cette même confiance.

Voici comment :

La figuration fait partie du corps de ballet et, ainsi que la danse, a une classe mêlée de femmes de toutes conditions et de tout âge. La loge de la figuration compte des ouvrières, des filles, des marchandes à la toilette, des jeunes filles honnêtes accompagnées de leurs mères, des femmes entretenues, etc.

Il y a un avertisseur qui tient entre le valet et l'homme de confiance de Pluque César; il a la mission de faire les rapports, bons ou mauvais; il est risible d'entendre, à son arrivée dans la lege :

— Julot, mon ange, viens demain déjeuner avec moi.

— Julot, mon chéri, embrasse-moi !

— Julot, mon trésor, tu n'as pas l'air content. Qu'as-tu ?

— Julot, mon chéri, veux-tu que je t'offre le café ?

Julot se transforme alors en pacha et daigne accepter le café ou le déjeûner du lendemain, mais le rapport est sauvé et, comme disent ces dames, pour rester à l'Opéra, il faut être bien avec Julot car, tôt ou tard, si vous n'êtes pas bien avec Julot, il vous fera renvoyer en faisant un mauvais rapport contre vous.

Il ne faut pas faire la fière avec Julot : *Vous comprenez ?*

Lecteur, donne-moi la main, laisse-toi conduire, nous descendons sur scène, le rideau se lève sur le charmant ballet de *Henri VIII.*

Subra et Sanlaville sont merveilleuses. Mlle Hirsch va commencer son pas des Gouteaux.

Ses pas de savante école sont gênés. Un spasme passe sur sa charmante figure.

Qu'a t-elle ?

Regarde son pied droit : les rubans qui enlacent sa fine cheville vont se dévider et bientôt ne tiendront plus son chausson de satin rose.

Il faut autant d'attention dans les pas des Gouteaux pour les pieds que pour les bras.

Le malheureux soulier va se détacher et traîne après le pied de la danseuse.

Les figurantes sont au comble de la joie, ainsi que le corps de ballet, de voir la mésaventure qui arrive au sujet.

On rit aux éclats. Le soulier traînant toujours,

donne lieu, de la part des comparses, à des équivoques trop basses pour répéter ici.

Un peu plus, on oublierait le public, il y aurait des huées sur scène.

L'intrépide danseuse continue et achève son pas le soulier traînant toujours.

Elle salue le public, rentre dans la coulisse et fond en larmes.

César Pluque la regarde avec mépris : elle doit se trouver bien heureuse qu'il ne l'insulte pas.

Je sens ma gorge se serrer à la vue de cette légi time émotion.

Nous quittons la scène, nous remontons dans les loges où les larmes et l'accident arrivés au soulier de Mlle Hirsch sont le sujet d'une vulgaire hilarité.

— J'ai cru qu'elle allait passer par dessus la rampe! dit une figurante.

— Elle est très fière, c'est bien fait; dit une deuxième.

— Ça lui apprendra à attacher ses souliers !

— Et toi là-bas, la grande Anglaise, tu ne dis rien ? Non ! tu es trop comme il faut et trop grande dame pour te moquer d'un soulier!

Ceci m'était dit au milieu d'un rire bruyant.

Je répondis avec une voix métallique et un regard d'acier :

— Mesdames, à la danse, il n'y a pas de souffleur ! ! !

Un silence profond se fit et plus un mot ne fut dit sur le compte de Mlle Hirsch.

La France a rougi au soulier de Corneille, moi je

rougis de l'attitude du corps de ballet devant le soulier de Mlle Hirsch !!!

On joue *Faust* ce soir, viens encore avec moi, lecteur, nous allons saisir au vol la conversation des abonnés et de ces dames. Le corps de ballet est au foyer. Ce coup d'œil est ravissant; au milieu de toutes ses sylphides, se tient Pluque-César, le nez en l'air, comme un maître d'école, un carnet à la main; il fait l'appel; je recommande l'effigie de Pluque César dans cette attitude, aux culivateurs et je garantis que les pierrots les plus voraces respecteront même les fruits tombés à terre. Je continue, on répond à Pluque César avec une prestance qui prouve qu'il ne badine pas, et que sa gloire, est de faire peur aux femmes. Son attitude doit singulièrement changer avec les hommes. Et puis, les abonnés sont là qui regardent. Il faut bien leur faire voir qu'on fait marcher les femmes; ainsi le juge cet ex-danseur.

Pourtant l'on m'a assuré qu'il n'a jamais pu faire marcher la sienne.

Etrange anomalie! on m'a même dit, que dans une scène de ménage, où quelques casseroles volèrent, qu'elle lui orna la figure d'un poche-œil, et que quelques serins, qui étaient en cage, prenant ces casseroles pour des vautours antidéluviens qui allaient s'abattre sur eux, moururent de terreur.

Pluque César, à la suite de cette scène conjugale, eût la jaunisse, mais rivalisant de santé avec les bipèdes décédés, il revint à la vie, ne gardant pendant longtemps que la couleur compromettante des défunts.

Je continue, l'appel est fini, les abonnés causent.

Un abonné à une jeune fille de quinze ans :

— Combien ta primeur ? jeune fille.

— Cinquante mille francs.

L'abonné :

— C'est un peu cher ; pourtant, si c'était vrai....

La jeune fille avec vivacité :

— Il n'y a qu'une chose à faire : me faire examiner par un médecin.

L'abonné :

— Tu ne rougirais pas ?

La jeune fille avec aplomb :

— Pourquoi rougir, je vous donnerais une preuve de ma vertu.

L'abonné à un autre abonné :

— Qu'en pensez-vous, très cher, cinquante mille francs la primeur de mademoiselle ?

Deuxième abonné :

— Eh bien, moi, je suis conciliant, et, comme nous sommes deux, nous t'offrons cinq louis et le souper Ça te va-t-il ?

Indignation de la demoiselle, qui a perdu sa primeur depuis longtemps, avant même que la fleur ait produit le fruit.

— Mademoiselle, je n'ose plus vous parler, depuis que je vous ai entendue dire que vous ne vouliez pas rendre le salut, à moins que ce ne soit un millionnaire. Je regrette de ne pas l'être, car cela me prive du plaisir de vous saluer !

La danseuse à qui ceci était dit, avait l'air et la tournure vulgaire d'une fille des boulevards extérieurs, la voix éraillée par la boisson et la noce, et rop bête pour voir la dérision dont elle était l'objet, répondit :

— Monsieur, vous n'avez pas compris ce que j'ai voulu dire : j'ai dit que je ne saluais que les hommes qui avaient des billets de banque en poche.

— Alors, mademoiselle, je ne pourrai pas toujours vous saluer ce soir, et je suis forcé de me retirer sans me décoiffer.

Et l'abonné se retire en riant aux larmes.

Beaucoup de ces dames prétendent que Pluque César est renseigné sur tout ce qui se passe dans les loges. Pourtant, il ne sut jamais l'orgie qui eut lieu le jour des Rois de l'année 1884.

Comment se fait-il que son fidèle Julot ne lui en rendît pas compte ; mais lorsqu'il était de l'intérêt de Julot de cacher les rapports, il le faisait tout aussi bien que d'en faire de faux. Sur les 24 femmes que la loge de la figuration contient, quatre sortirent pour ne pas prendre part à l'orgie ; je fus de ce nombre et je me mis en observation dans le couloir.

On commença par faire la quête dans le personnel du théâtre ; une de ces dames quêteuses se chargeait d'embrasser chaque donateur. On commença par le pompier ; il ne possédait que cinq centimes on les lui fit donner, et la dame lui dit :

— Voyons, cucu (*sic*), ce n'est pas parceque tu n'as que cinq centimes, que tu ne m'embrasseras pas ! Et elle embrassa le pompier de force, en le tenant par le cou, car il ne croyait pas que, pour cinq centimes, il avait le droit de l'embrasser ; il est certain que le baiser était payé son prix. On alla ensuite chez les artistes, chez les choristes, en ne s'adressant qu'aux hommes; la quête produisit assez pour acheter du vin blanc et un gâteau. On commença par tirer les rois avec assez de tranquillité, et la première rasade ne produisit qu'une bruyante gaîté. A la deuxième rasade, on commença par jouer ensemble en se jetant les vêtements de théâtre à la figure et en disant des plaisanteries plus ou moins douteuses; à la troisième rasade, les cris et les obscénités furent si forts que les habilleuses, ne pouvant plus tenir dans les loges, se réfugièrent dans le couloir, ne pouvant plus contenir toutes ces femmes avinées. L'orgie étant à son comble, quelques unes se mirent toutes nues et déclarèrent aux autres qu'il fallait qu'elles fassent une exhibition de leurs charmes secrets, que l'on allait faire un concours de beautés cachées et que le prix serait décerné à celle qui serait la mieux douée par la nature. Quelques-unes s'y refusèrent, mais elles furent prises de force par les autres et leurs vêtements arrachés du corps au milieu des cris bachiques et de l'excitation générale causée par la vue mutuelle des parties secrètes de ces dames. Le prix fut décerné à une belle fille à qui l'on donnerait le bon Dieu sans confession.

Ce qui m'a surtout écœurée, était de voir des femmes âgées prendre part à l'orgie avec un entrain voisin du délire, joignant ainsi l'impudeur à la laideur.

Le lendemain de cette mémorable orgie, quelques unes des favorites, Ponceau, qui est un surveillant aussi hypocrite que zélé devant ses chefs, quelques-unes de ces favorites, dis-je, lui firent un rapport détaillé de toutes les particularités que pouvaient avoir les parties secrètes de ces dames. Le vieux Céladon se pâma d'aise et ne passe presque jamais devant la loge de la figuration sans dire quelque obcénité et faire quelque allusion au rapport que lui ont donné ses favorites.

Quelquefois la jalousie éclate entre elles et il n'y a rien de plus grotesque que les scènes qui s'en suivent. Je fus témoin d'une qui vaut la peine d'être rappellée ici :

Les favorites de Ponceau sont au nombre de trois. Il en invita deux dans sa loge, leur fit servir à boire et poussa les verrous, la troisième s'aperçut que l'on buvait sans elle ; elle voulut réclamer son verre et trouva la porte close, et les verrous poussés. Elle réclama hautement pour son verre et ne reçut pas de réponse ; alors elle invectiva le vieux libertin de toutes les appellations possibles et impossibles. Ne recevant pas de réponse, exaspérée, elle alla chercher des chaises et les jeta, les unes après les autres, dans la porte verrouillée. Le vieux roublard eut peur que Pluque César entende le bruit des chaises se cassant dans la porte il sortit et menaça la favorite dédaignée de lui botter le derrière. Je ne pus m'empêcher de sourire de l'entendre parler de bottes, lui qui était nu-pieds et en chemise ; il rentra dans la loge, se remit à boire et repoussa la porte et les verrous. N'ayant plus de chaises à jeter, la favorite dédaignée alla chercher des bouteilles pleines d'eau et les fila dans la porte comme elle avait fait des chaises : le bruit des bouteilles ne fut pas si fort que celui des chaises. mais le couloir fut inondé, et comme on se demandait d'où venait toutes ces mares d'eau, on répondit que ce devait être les jeunes élèves de la danse, et les petites filles furent accusées d'avoir fait, dans le corridor, ce que Guliver fit sur l'incendie des Lilliputiens.

Pluque César, tu dois être fier des femmes dont tu as la suprême direction, presque aussi fier que les pachas des sérails dont les numéros gonflés sont des enseignes.

Aura popularis !!! Pluqueus Cesarrus, tu l'as bien mérité !!!

Quittons un moment les loges et descendons encore au foyer de la danse, regardons au côté droit de la scène, ce qui se passe dans les coulisses.

On joue l'*Africaine*. Je ne vois pas Pluque César, dans la pose de sénateur moderne, un pied sur un bec de gaz, le nez en l'air, les deux pouces passés au travers des boutonnières de sa queue de morue, pourtant un attroupement de danseuses, causant comme autant de pies bavardes, m'apprend que le disciple de Vestris, Pluque César, je veux dire, a eu un étourdissement et, disent ces dames, ce n'est pas qu'il a bien dîné, non, c'est de la fatigue.

Je pense mentalement à un éléphant pris d'une syncope et je demande à un machiniste si, en tombant, il n'a pas entraîné un décor.

Le machiniste me répond :

— Il y a un Dieu pour les ivrognes, il ne s'est pas cassé la gueule ! (*sic*).

Après cette explication aussi logique qu'énergique, je fais, cette fois, cette réflexion :

— Sur la façade de l'Opéra, il y a des anges dorés la parole ne l'est guère en dedans ! et je regarde du côté du foyer, et je vois que ces dames, profitant de l'indisposition de leur chef, font une partie de saut-de mouton.

Celle qui fait le mouton, mal faite et grosse, tend si fort son maillot en se baissant, qu'à l'endroit le plus rebondi de sa personne, il crève, à la grande joie des abonnés.

Le chaste Hector Salomon se sauve épouvanté dans sa loge et se barricade, ayant peur qu'une de ces dames ne lui fasse subir une attaque Putipharienne, elles sont toutes si excitées qu'il a peur aux pans de son habit.

O! muse lyrique! Si tu voyais! si tu voyais ce qui se passe dans ce lieu profane, tu lui ceindrais la tête d'une couronne de lauriers pour savoir résister à la tentation. Celle de Saint Antoine n'est rien à côté de celle-ci.

M. Eustache passe devant le foyer et, comme l'on est au dernier quartier de lune, il se demande pourquoi on la voit dans son plein. Il se frotte les yeux, croyant avoir la berlue et va rejoindre M. Hector Salomon dans sa loge.

Eustache. — Pourquoi cette pâleur, cher ami.

Salomon. — J'ai vu, j'ai vu. Ah Dieu! ma réputation est perdue!

Eustache. — Pourtant ce n'est pas votre faute si le maillot de cette dame a crevé juste à l'endroit...

Salomon. — Ne continuez pas, vous me feriez mourir de honte!

Eustache. — Les abonnés ne disent pas comme vous.

Pendant ce temps, M. Meyer se promène, les mains

derrière le dos avec la conviction que le plus grand ordre règne dans l'établissement.

Si ces dames célèbrent ainsi l'indisposition de leur chef, que feront-elles le jour de son enterrement?

Le lendemain de la représentation de l'*Africaine*, paraissait, dans l'*Arracheur de dents* (journal qui n'a pas volé son nom) la note suivante :

« Hier soir, au foyer de l'Opéra, régnait la plus charmante gaieté.

« *Ces dames* de la danse faisaient la chasse aux papillons ou plutôt à un papillon qui s'était égaré dans le foyer. Ces dames poursuivaient le petit fugitif avec la grâce et l'élégance qui les caractérisent. Leur chef leur fit la grâce de leur permettre cet innocent amusement, il daigna même prendre part à leur jeu, mais le petit volatile ne voulait fuir que devant ces dames; il fit volte face et se posa sur le bout du nez de Pluque César qui s'évanouit. On lui porta secours, mais on dut le porter sans connaissance dans sa régie.

Mille remèdes lui furent prodigués et pas un ne lui faisait reprendre ses sens, lorsque le docteur Benoit, que l'on avait fait appeler en toute hâte, ordonna un bon grog flamand, savez-vous, la seule chose que l'on parvint à faire avaler à Plurque César. Il ouvrit les yeux; ses petites blagues à tabac se dégonflèrent; il revint à la vie. Pendant ce temps, le petit acrobate, cause de ce malheur, cherchait sur tous les visages un nez qui put lui servir de monture, j'ai déjà dit que le nez de César explorait les étoiles, le papillon avait envie de faire sans se fatiguer un voyage dans les mondes inconnus. Charmant innocent !

« Nous espérons que le divin émule de Vestris pourra reprendre son service demain, sans quoi il y aurait clôture à l'Opéra. Disons, à l'honneur de ces dames de la danse, que leur beauté, leur pudeur, leur modestie, les ont toutes rendues égales aux jeunes filles que nous vîmes au dernier bal blanc, donné au faubourg Saint Germain, par la duchesse du Piton Collet-Monté ». *L'Arracheur de Dents*, dont Charles Leroy est le reporteur, est aussi véridique dans son rapport que lorsqu'il me soutenait qu'Henri VIII d'Angleterre n'avait jamais eu qu'une femme, et que Catherine d'Aragon et lui vécurent chastement comme Philémon et Baucis. Voilà comme on donne toujours les nouvelles à l'Opéra, une chasse au papillon pour une partie de saut-de-mouton. Charles Leroy qui, dévisageant le maillot crevé, se garde bien d'en parler : il n'aurait plus ses entrées dans les coulisses s'il déplaisait à César.

Il est remarquable aussi que, sur un grand nombre de femmes, il y en ait si peu de bien faites et je ne puis en compter que six qui ont des formes arrondies et proportionnées. Toute de la grâce apprise. Tant que pour leur language il est bête et vulgaire, à part les sujets et quelques exceptions.

Du reste, en général, elles sont toutes de basse origine et beaucoup d'entre elles ne savent pas lire l'affiche au tableau.

Les mères qui mettent leurs filles à l'Opéra, les mettent avec la ferme conviction qu'elles trouveront quelque nabab pour les entretenir et qui achètera, à prix d'or, une première nuit : O ! profanation ! j'allais dire d'amour. Comme si ce sentiment exquis, mêlé des sens et de l'âme, se vendait.

Ce qu'elles appellent une nuit d'amour est une nuit vendue, et dont elles ont discuté le prix à quelque vieux blasé et dont le chiffre élevé leur fait tolérer, avec une passivité de mouton à qui l'on coupe la laine, les fantaisies lubriques de débauches raffinées, qu'elles se recontent mutuellement tout haut. Leurs sens, morts avant d'être nés, font que leur corps ne frémit sous aucun baiser, pas plus que leur visage ne connaît la rougeur de la vierge.

Le mot « amour » leur est inconnu, et si par hasard une d'elles aime réellement, elle est l'objet de la dérision générale. N'est-elle pas mise à l'Opéra pour trouver un entreteneur et la vente de la première nuit ? Alors elle a été assez femme pour succomber sans se faire payer d'avance ? Elle s'est donc amusée à aimer ? Tel le cas d'Eugénie Fremey, une élève de la danse qui paya presque de sa vie d'avoir aimé. Cette jeune femme, à peine agée de vingt ans, ne put se tenir debout pendant près de deux ans ; elle reçut, d'une de ses camarades, un coup de pied dans le bas ventre qui agrava l'état où ses couches l'avaient laissée. Aussitôt qu'elle fût un peu remise, quoiqu'elle endurât d'atroces souffrances en marchant, elle se traîna à la régie de Pluque César pour lui demander de la reprendre dans le corps de ballet. L'homme la toisa avec mépris, ricana, et lui dit : « Nous n'avons place que pour les sujets, tu as du bien danser, depuis que je ne t'ai vu. » Il faisait allusion à ses souffrances. Il ricana de nouveau ; n'avait-il pas le droit de rire et d'insulter une fille-mère ?

Elle n'avait pas été assez habile pour trouver un entreteneur, la faim la faisait revenir à l'Opéra, c'était le moment de lui faire sentir son pouvoir. La malheureuse invoqua le cynique personnage au nom de son enfant que le père avait abandonné et se disant guérie et capable de danser, elle le supplia de la reprendre, mais l'homme, quoique maître absolu des engagements et des renvois, fût sourd à sa prière et ne voulut rien entendre. Comment pourrait-elle danser ? N'était-elle pas estropiée pour la vie ?

La malheureuse alla trouver M. Meyer, régisseur général, et obtint, après de nombreuses démarches, que Pluque César voulut bien la reprendre; et cette martyre d'amour dû danser et se tenir debout en scène, pendant que les douleurs aigues de ses entrailles la faisaient pâlir et toute prête de s'affaisser. Ne voulant pas avouer sa faiblesse, elle disait : Je suis forte, quoique son visage pâle et fatigué, comme un bouton de rose entr'ouvert qui s'étiole, proclamait hautement ses souffrances et ses douleurs. A l'exemple de cette fleur entr'ouverte dont la corolle est rouge, on s'étonne de la voir mourir sans s'être épanouie; et l'on riait autour d'elle, personne ne songeait à regarder le calice. Elle restait muette, regardait ses folles compagnes, soupirait avec résignation. Ne faillait-il pas que les mois de nourrice de l'enfant, dont la naissance l'avait rendue martyre, fussent payés.

Enfin, un bruit se fit autour de cette victime, on en parla à Pluque César qui, dans une sublime magnanimité, la dispensa de danser, faisant observer que c'était par charité et qu'elle devait se considérer bien heureuse d'être tolérée dans le corps de ballet et d'en être quitte à ce prix-là.

Eugénie Fremey ne répondit pas, ses yeux se voilèrent de larmes qui tombèrent silencieusement le long de ses joues amaigries.

En la voyant ainsi, je ne pu m'empêcher de penser à la sueur rougie du divin Maître à l'agonie du jardin des Olives. Malheureuse, pourquoi as-tu aimé ? Berce ta douleur et étouffe tes sanglots ; ce n'est pas parmi les femmes de la danse que tu trouveras aucune parole de consolation ; ces femmes ne connaissent aucune joie domestique, ne savent pas consoler ; la pitié leur est aussi inconnue que l'amour, et la souffrance n'a aucun écho dans leur cœur de marbre.

Suis ton calvaire, déchire tes pieds sanglants, mets tes mains sur ton cœur et refoule tes larmes ; expie et meurs en fléchissant les genoux et en demandant pardon au Christ d'avoir aimé. L'Homme-Dieu qui protégea la femme adultère, te pardonnera ce que tes pareilles te reprochent,

Non ! ces enfants ont des prétentions pour le prix de leur corps qui laissent les hommes ébahis et qui donne lieu à des plaisanteries que j'ai citées plus haut, après les avoir prises sur le vif. Mais que de rêves déchus, en constatant que les entreteneurs rêvés sont si rares. On attend toujours, mais en attendant elles se vendent à la nuit ; elles ne se gênent pas pour le dire, mais se tairaient-elles, que leurs visages pâles et fatiguées le disent assez. *Corpus dolorosa* ! A qui la faute ? pas à elles ; leurs mères ne les ont-elles pas conduites par la main ; ne leur ontelles pas dit : Ma fille, tu seras sujet, tu auras un riche entreteneur, ce matin, ton rêve te fait sourire dans ton sommeil, il serait doux de te laisser dormir, tant que les chauds rayons du soleil t'éveilles en se posant sur ta couche, mais la classe de Mme Théodore t'attend pour la leçon de danse. L'enfant s'éveille, à moitié fatiguée de la représentation de la veille, et retombe sur son lit pour reprendre son rêve interrompu. Mais la mère revient, arrache sa fille au sommeil en disant : Ne dors pas, souviens-toi que tu dois être sujet, tu dois, par tes poses lascives, toujours si tu es douée par la beauté des formes, tu dois faire naître l'ombre d'un désir chez l'homme qui a vécu et dont les sens sont morts depuis un demisiècle. Alors, se méprenant et surpris lui-même de ce spectre d'outre-tombe de la jeunesse, il frémira sur sa banquette, se lèvera et s'écriera dans un dernier transport : Vraiment, c'est une désarticulée !

Bravo! tu as ému un vieux blasé, il t'en sera reconnaissant !... C'est une rude tâche que de faire renaitre un souvenir de jeunesse.

Si tu es douée par la nature de formes ovales, il est probable que l'entreteneur rêvé sera trouvé ; mais malheur à une danseuse maigre, jamais on ne lui rendra justice, fut-elle aussi forte que Taglioni.

La danse, plus que tout autre métier, a besoin de beauté. La mère qui veut que sa fille soit sujet sera barbare jusqu'au bout, elle enlacera son enfant dans ses bras, lui prodiguera des caresses et lui dira : ce soir à la représentation, sois belle ma chérie, et dans les coulisses, place-toi souvent sur le chemin de M. le duc Vieux-Charlot de la Paillardise, s'il daigne jeter un regard sur toi et te protéger, tu pourras passer tes examens; mais si tu n'es pas protégée, on ne te rendra pas justice, même si tu éblouissais le jury de la danse par ta merveilleuse souplesse; rends les baisers que te prodiguera cette vieille ducaille édentée, et si ton cœur se soulève au contact de ses lèvres froides, cache ta tête sur sa poitrine, il croira que tu caches une rougeur de vierge effarouchée; mais surtout, cache bien le dégoût que t'inspirera sa décrépitude mourante. N'oublie pas, il est millionnaire! L'enfant a compris, et pense qu'elle a un devoir à remplir.

Depuis la première élève de la danse jusqu'à la dernière, toutes vont devenir sujet. Mais halte-là, Mesdames, si vous êtes toutes des sujets, où prendra-t-on le corps de ballet ?

La triste éducation des danseuses fait qu'elles n'ont qu'un rêve en tête et un but dans la vie: être sujet pour avoir un équipage, être entretenue pour avoir des diamants; l'éducation de leurs pieds rend leurs têtes vides, et on ne doit pas s'étonner que la bêtise soit leur élément, la goberie leur conversation, et la rivalité mutuelle des oripeaux leur unique bonheur et aussi, leur conversation a-t-elle toujours et invariablement la même tournure:

— Ma chère, je t'ai vue aujourd'hui à Madrid avec ton monsieur, tu ne m'as pas rendu le salut que je t'ai envoyé, c'est vrai que j'étais avec le marquis Zozotte du Haut-Pif....

— Ma chère, je ne t'ai pas rendu le salut, mais je

t'ai crié ces paroles d'amitié : A ce soir, chameau ! (*sic*).

— Ma chère, que tu es vulgaire !

— Ma chère, que veux tu ? je serai distinguée lorsque j'aurais mon équipage, le baron Pied-Pointu de la Grande-Dèche me l'a promis à l'héritage de son père.

— Tu as de la chance, ma chère, moi je ne peux pas avoir de voiture à cause de mon dévouement pour ma nièce que j'élève et dont la mère est morte !

— Ma chère, tu es un ange de bonté!

— Non ma chère, je ne fais que mon devoir ; j'ai pris une bonne en plus pour soigner ma nièce, si tu savais comme je fais de l'effet à mes bonnes et à ma nièce, j'ai une figure qui en impose, je suis si comme il faut. Alphonse me le disait l'autre jour dans une envolée poétique.

— A propos, ma chère, est-ce que le prince de Gobe-Mouche a gobé tou histoire que ta sœur était morte, laissant sept orphelins en bas âge ?

— Oui ma chère, je lui ai extirpé mille francs pour les premiers secours, maintenant je vais lui tirer une autre carotte en lui disant qu'il me faut un deuil convenable, aussi profond que ma douleur.

— Ma chère tu as raison, il faut battre le fer quand il est chaud.

— Ma chère Tergis te voilà revenue des bains de mer. C'est bien tôt !

— Ma chère, j'ai fait semblant d'être malade pour revenir auprès d'Arthur. J'en avais plein le dos d'inspecter les phares avec mon monsieur, quoique l'on m'appelait toujours madame l'*inspecteuse* (*sic*). Chaque fois, je jetais aux employés une poignée de louis.

— Tu n'as pas peur que ton monsieur te repince? Il t'a déjà pardonné une fois...

— Ah! ma chère, il est bien trop serin pour cela. Il m'a même écrit que si j'allais plus mal il quitterait l'inspection de ses phares pour venir me voir. J'ai montré sa lettre à Arthur. Ce que nous nous sommes f...u de sa fiole? (*sic*).

— Prends garde...

— M..... pour lui. Il est trop vieux, il me dégoûte (*sic*).

— Ma chère, j'ai rencontré hier la petite Valérie que M. Pluques a renvoyé... Quelle dèche ma chère!... Elle avait des souliers éculés et son chapeau de 110 francs sur la tête, que son amant lui a payé deux jours avant de la quitter. En me parlant elle a dû s'appuyer à un reverbère pour ne pas tomber d'inanition; elle m'a dit qu'elle n'avait rien mangé depuis deux jours!

— Tu ne lui a pas donné de quoi déjeûner?

— Non, ma chère. Elle m'a assez narguée lorsqu'elle avait son monsieur; elle se croyait plus chic que moi; j'ai ouvert mon porte-monnaie exprès pour lui faire voir qu'il était plein de louis, et je lui ai dit que ma poche était pleine de croquignols pour ma chienne. Je rirais bien de la voir tomber d'inanition sur le trottoir avec son chapeau de 110 francs sur la tête.

Ah! ah! ah! ma chère, quelle rigolade, elle qui se croyait la plus chic de la loge.

Ah ! ma chère et toujours ma chère!

Maintenant lecteur, je te conduis encore ce soir; on joue *Guillaume Tell*; nous sommes dans le couloir en face de la loge de Ponceau, célèbre par les coups de chaises et les bouteilles cassées; deux formes juvéniles, presque des enfants, filent dans la loge, je les reconnais : l'une grande, maigre et mal faite a un œil qui louche, c'est assez pour la reconnaître, quoiqu'on l'appelle la *Giraffe*, elle lui ressemble bien du reste, la dépravation de la giraffe est notoire. La porte de la loge de Ponceau s'est refermée sur ses deux impudiques sylphides, il se passe plus de deux heures sans les voir reparaître. On entend la sonnette pour l'acte des soldats, il faut descendre en scène, la porte de la loge s'ouvre, et les deux danseuses sortent dans un état complet d'ivresse, les cheveux pendants, les jupes déchirées. Quelle comédie ont-elles jouées pour émouvoir ce vieux Céladon de Ponceau.

Comment pourront-elles paraître en scène dans un état pareil, elles n'auront jamais le temps de se rhabiller et d'arriver à temps en scène. Ponceau sort et fait, comme toujours beaucoup de zèle.

— Allons mesdames, en scène : — Madame Randon, vous n'avez pas mis de bas blancs, vous êtes à l'amende. — Monsieur Pluque ! Mme Randon n'a pas mis de bas blancs...

Pluque César à Mme Randon :

— Vous me ferez le plaisir de mettre des bas blancs.

Ponceau, riant après que Pluque César a tourné le dos :

— Vous serez à l'amende, madame ! ! !

Mme Randon à Ponceau :

— Vous êtes encore sous l'impression des émotions de votre loge, monsieur !

Ponceau criant pour que le régisseur général l'entende :

— Je ne connais que mon service, je ne ferai de faveur pour personne.

L'acte des soldats est commencé. Sur le coté droit de la scène, à gauche du spectateur, est un groupe formé par la danse qui ne danse pas; sur le côté gauche, le groupe de la figuration. Je me retourne, par hasard, et je vois les deux danseuses de tout à l'heure, qui ne savent comment faire pour entrer en scène, le temps de mettre de l'ordre à leur toilette, leur a fait manquer leur entrée.

Si Pluque César les voit, il y aura une sévère mise à pied.

Ponceau, oubliant son zèle, vient à leur aide et fait semblant de chercher quelqu'un dans figuration; de cette façon, il les masque de son corps et elles atteignent le groupe de la danse, sans que Pluque César ait rien vu.

Oh ! César, quelle infamie. On oublie le service pour une dette de gratitude. Toi qui as tant de confiance en ton fidèle Ponceau. Espérons que tu places mieux ton amour, car si tu ne le places pas mieux que ta confiance, ta tête doit avoir quelques excroissances.

Tu sais la lettre que je t'écrivis au sujet de Lidia, cette mégère qui disait des horreurs de la femme poète. Eh bien, elle passa aux mains de la Grelée qui la donna à lire à toutes les femmes de la loge. On répétait tous les passages de ma lettre, en me narguant; serait-ce Julot qui l'a prise sur ton bureau où prise dans ta poche ne pouvant rien refuser aux femmes qui se livraient à lui, pour savoir tes affaires privées.

Grand partisan de Napoléon-le-Petit, souviens-toi qu'une lettre est sacrée et qu'il n'y a rien de plus méprisable que de laisser traîner une lettre de femme quelle qu'elle soit! Mais rien ne m'étonne de ta part!

Ce soir, lecteur, on joue les *Huguenots*, viens avec moi au parterre; nous allons voir défiler les dames d'honneur. La première, en robe à traîne de velours noir, s'appelle Meurend, a été marchande de beurre en Belgique et a conservé toute l'apparence de son métier. Elle parle si mal de la femme Poéte, que je suis sûre qu'elle pense que ce procédé dois la faire maigrir.

Il est cocasse de voir cette masse de chair, faire des minauderies et singer la Parisienne.

La deuxième, en robe de velours grenat, a été la veuse de vaisselle; d'une laideur repoussante, je m'étonne qu'on ait jamais pris un pareil masque dans un théâtre.

La troisième, une ancienne giletière en velours vert et or, grosse réjouie qui a abandonné son métier pour le commerce de l'amour, rigole tout le temps, selon son expression favorite.

La quatrième a l'air d'un sapeur que l'on a habillé

en femme et, est si souvent émechée qu'elle a grand peine à tenir son équilibre en scène.

La cinquième, une vieille Gézabel qui n'a pas fait ses affaires et qui attend sa retraite, à l'air d'un spectre, elle crie tout haut que la femme Poète a de fausses dents, pourtant, je ne lui conseillerai pas de mettre son petit doigt entre ses deux mâchoires. Ce qu'il y a de plus comique, c'est de voir leur gêne en arrivant à la rampe devant le public; elles doivent saluer Valentine d'une salutation due à une princesse, elles se contentent de baisser le dos comme si elles passaient sous une porte trop basse et elles font toutes le gros dos, en tournant le dos au public.

Oh ! Mérante, je rougis, toi si à cheval sur les différents degrés des salutations de l'échelle sociale. Mais je m'oublie, le prestige de l'Opéra couvre tout, et je ne sais réellement pas, comment il est encore de rigueur de mettre des queues de morues, lorsque l'on voit des dames d'honneur paraître en scène avec les ongles en deuil.

Revenons dans les coulisses, j'entends des bruits de baisers, et je reconnais la voix d'une grande ex-artiste des Bouffes-Parisiens, qui a placé son amour chez un gazier.

Non ! Vois-tu chéri, si tu me quittais, je mourrais d'une maladie de lentèur. *(sic)*

J'éclate de rire et je fais cesser ces épanchements qui allaient devenir une pamoison; je me dis à part, Il est certain que cette ex-artiste a dû passer par le trente-cinquième théâtre français.

Je m'éloigne et je vais de l'autre côté de la coulisse,

j'entends une voix qui dit à une autre : sais-tu comment je vais me faire engager avant les autres. Non ! Eh bien ! je fournis des légumes à l'année à M. Pluque, ce soir, je lui ai offert dans sa régie des coins et un melon !

Je trouve les cadeaux tout à fait dignes du receveur et je reconnais la voix d'une nommée Lidia qui s'est effectivement vantée devant moi, d'être dans les bonnes grâces de Pluque César pour les cadeaux qu'elle lui faisait.

Je contiens mon rire et je me cache derrière un décors, je prends une voix caverneuse et je crie : demain je n'entrerai à l'Opéra que chargée d'un potiron. Lidia se sauve tremblante, croyant que c'est un homme qui a surpris le secret des engagements, pendant que je me tords de rire.

Ah ! mon Dieu, qui a-t-il, et que veut dire ce que je viens d'entendre de la part d'un jeune comparse à un autre.

Viens donc voir, un éléphant qui pleure. C'est rien rigolo. !!! *(sic)*

Je suis les deux comparses et que vois-je ? César Pluque dans la posture d'un Adonis au bord d'un ruisseau qui pleure en effet; pourtant, il ne s'est pas départi de son binocle, ses sujettes sont autour de lui. Pourquoi ces larmes? dis-je à l'une d'elles. C'est l'émotion d'avoir appris la mort de Testa, une danseuse appartenant au corps de ballet. La mère de Mlle Testa a été mon habilleuse lorsque je faisais les poses plastiques sur une autre scène, elle m'aimait beaucoup et me disais souvent : Graziosa, carina mia. Elle était italienne et d'une douceur angélique.

Si la fille ressemblait à sa mère, certainement ceux qui l'ont connue, ont dû la pleurer, mais toi Pluque César, pourquoi cette émotion. Toi qui le jour de la mort de M. Vaucorbeil, fredonnait des airs de polkas en tapant des doigts sur les décors. Toi qui regardait les larmes de Mlle Hirsch avec méris. Toi qui giffle une femme en plein foyer, lorsqu'elle est figurante et sur le point d'être mère. Toi qui mit la femme poète à la porte comme une voleuse et qui lui fit perdre la vente de sa brochure dans le personnel du théâtre. Toi qui ricanait des larmes de la maternité et des souffrances d'une fille-mère ! Tes larmes doivent être l'exubérance d'un bon dîner et soulager ton cerveau rendu plus idiot que jamais par l'alcool ! Ah ! si tu avais la bonne idée d'aller pleurer dans ta régie, comme ces dames feraient de suite une partie de saut-de-mouton. Ah ! mais on ne le verrais pas !

Tu crois donc que toutes ces femmes ont de la sympathie pour toi? tu te trompes étrangement; la terreur que tu leur inspires, les rend toutes muettes à ton égard !

Si l'on mettait dans une balance la sympathie qu'elles ont pour toi et les cheveux de Cadet Rousselle, le poids serait du côté de ces derniers.

Je crois avoir assez parlé des femmes et je vais, pour terminer cette étude, parler du personnel masculin ; ce qui m'a surtout frappé, c'est la figure vive et intelligente de Mérante et la politesse avec laquelle il conduit les répétitions et les ballets ; les manières courtoises et distinguées de deux maîtres de chants, messieurs Hector Salomon et Eustache ;

si une artiste a quelque crainte en doublant l'étoile, Mme Krauss, M. Hector Salomon, connu pour son esprit, m'a donné maintes fois l'occasion de la répartie.

Les choristes, tous aimables et polis, avaient nommé une marcheuse : femme Poète, pourquoi cette appellation? Je vais vous le dire : Il y a parmi eux un noble espagnol, né sur les marches d'un trône, il descendait de chevaliers hauts et puissants, sur son blason, était écrit cette belle devise : Mon dos ne se baisse que devant une duchesse ; il avait nom Merliflorinetto de Castagnetto Tembourinos de dom Copo Lopez de Fiorituriaos de la Blague Castex, il ne saluait jamais la femme Poète que lorsqu'elle était en robe de cour, fidèle à sa devise et la répétant ; lorsqu'elle était en robe de paysanne, il passait devant elle sans la saluer, son sang royal se révoltait à l'idée de manquer à sa devise; mais je voulais rendre compte à mon lecteur pourquoi cette marcheuse avait été appelée femme Poète; le noble espagnol que je viens de citer, a un amour profond pour une volière, ou plutôt, pour le contenu d'une volière, qui se compose de bouvreuils, de serins et de chardonnerets.

Mirliflorinetto de Castagnetto Tembourinos de dom Copo Lopez de Fioriturinos de la Blague Castex, ne parlait jamais de la volière sans une tendre émotion. La marcheuse, briguant l'honneur de faire plaisir au noble espagnol, dédia quelques madrigaux à ses serins et quelques élégies à ses bouvreuils, et elle remit ses vers au noble Hidalgo, qui, ivre de joie, les déclama à ses bipèdes. Il eut l'immense bonheur de voir que ses serins étaient ravis, et que les bouvreuils et les autres bipèdes étaient fortement émus. (Très flatteur pour l'auteur).

Or, un soir que l'on jouait la *Favorite*, il salua la marcheuse (elle était en robe de cour), et mettant la main sur son cœur, lui dit d'un ton pénétré : Duchesse, mes serins ont écouté vos vers, ils étaient transportés, et moi je vous dois une éternelle reconnaissance pour avoir voué à la postérité mes bipèdes couleur cornard ; je vous dirais bien les trois mots qu'ont provoqué votre talent de versificateur, mais je n'ose pas.

La marcheuse fut très flattée, et manquait toujours de se trouver mal de bonheur en s'entendant appeler femme Poète. N'avait-elle pas provoquée l'admiration des serins.

Maintenant, quittons les coulisses et allons regarder à la régie de Pluque César, il fait demi-jour impossible de chanter *Je regardais en l'air*. Accoudé à la table, le maître est assis devant son bureau ; sa main droite supporte sa tête, un verre vide est à côté de lui une lettre déployée sur la table. Il ne bouge pas, est-il mort ou endormi? le demi-jour m'empêche de distinguer le regard ou le sommeil. Pourtant lorsqu'un grand homme est mort, une comète s'est levée ou a été signalée, je n'ai pas entendu parler du météore à queue, donc Pluque César n'est pas mort. Du reste, il vient de tourner la tête avec mélancolie en regardant le verre vide, et ses yeux retombent sur la lettre déployée devant lui dont voici le modèle. et qui fait voir encore une fois que les dames de l'Opéra ne sortent pas du Sacré-Cœur, pas celui de Montmartre, car leurs sentiments religieux sont aussi vagues que leur orthographe :

Mossieu la grande regiseur,

Je vou zécrit cé ligne pour vou zavertire què le languagé à la loge et dégoutant on m'insulte en me disan que je suit une cuisinière je suit une fame bien nel levé et jai recu mon dipplomme. Je suit escandalisez dentendre si souvent le mot Cambronnien qui a été dit par un général Francais à la guère du Tonquin, je suit trop modeste et trop comme y faut pour l'ecrire. Madame Bleu a montré son « vous comprenez » en chantan la chancon : *Quant on et dan la deche el kon na plus despoire* cest tonteux Lidia a laissé tombé son faux ratelier en céne, madame Randon a marche dessus sans le voir, elle l'a ramacé et rendu poliment à Lidia qui étai furieuse de voir qu'il était tou demoli. Lidia a menacé madame Randon de la faire enfermé à Mazas. Madame Randon qui est un ange de douceur a repondue quelque parole emu a Lidia pour la consoler.

Je vous salue mossieu la grande regisseur.

Naturellement elle n'était pas signée, et l'attitude que j'avais remarquée à Pluque César, lorsque je le crus mort dans sa régie, était due à la reflexion et à la pensée de chercher qui avait eu l'audace de lui écrire avec tant de familiarité, et sur papier jaune ! Tout à coup il se frappa le front et s'écria : « Le style de cette lettre est correcte, l'orthographe irréprochable, de plus la personne qui l'a écrite doit connaître son histoire de France, et elle est forte en littérature ; je m'y connais, ce doit être la femme poète, elle a annoncé qu'elle allait publier une brochure et il n'y a qu'elle ici pour écrire aussi bien, mais je ne tolérerai pas un pareil manque de respect et je trouverai un prétexte pour la renvoyer. Et, à partir de ce jour, Pluque César suivit la femme poète avec la bravoure d'un chat après une souris, sans trouver, pendant longtemps, l'occasion de la mettre à la porte. Il désespérait de se venger de celle qu'il accusait faussement, lorsqu'il consulta son fidèle Julot. « Oui, maître », dit Julot, « il faut renvoyer la femme poète, la Grêlée m'a dit que c'était elle qui écrivait les lettres anonymes », (la femme poète avait fait la fière avec Julot) et, sur cet avis, César Pluque se remit à suivre la femme poète. Le hasard le servit un soir dans un ballet ; le malheur voulut qu'elle se plaçât devant un aquarium ; le public ne voyait pas le poisson, ce fût le prétexte du renvoi de cette femme qu'on appellait la femme poète. Elle réclama, César Pluque ne voulut rien entendre, il avait toutjours la rancune de la lettre anonyme qu'il croyait qu'elle avait écrite et, — comme à l'exemple de beaucoup de crétins, la franchise et lui ne passaient pas par la même porte — il lui dit en la renvoyant : « Je vous renvoie pour avoir masqué un aquarium ! ! ! » Gêné devant une femme lettrée, cet homme ne pouvait pas en dire davantage.

Comme la femme poète était à la veille de publier une brochure qui devait se vendre dans le personnel de l'Opéra, elle écrivit à M. Meyer, réclamant contre la sévérité de l'arrêt. M. Meyer crut convenable de ne pas lui répondre et la vente de la brochure dans le personnel fut perdue pour elle. Pluque César fut implacable, aussi implacable que la mort l'avait été pour sa fille morte, à seize ans, et une fleur de beauté Il semble que le ciel, en enlevant cette fille à son père, ait voulu lui faire éprouver ce que c'était que de courber le front sous une volonté suprême, et aussi rappeler à cette brute qu'une volonté de maître d'école est peu de chose, surtout lorsque elle est exercée sur les tristes créatures que contient le foyer de l'Opéra. Mais passons, je ne fais pas de commentaires sur son indigne conduite ; jetons un dernier regard sur *Robert le Diable* que l'on joue ce soir.

Je me souviens que lorsque j'étais en Angleterre, je vis au Bristich Muséum, à Londres, un parchemin qui était écrit en vieux saxon, qui disait que *Robert le Diable* avait choisi ses pages personnels parmi les jeunes nobles de familles gauloises. Imbibée de ses idées et de celles que j'avais acquises aux Variétés, en représentant Clovis tenant l'étendard de Saint-Martin, j'avais, pour représenter un page de Robert, laissé flotter mes cheveux sur mes épaules. Les cheveux longs étant le signe distinctif de la race gauloise, mon type se prêtait au costume, et avec mes cheveux longs et mon casque, on aurait pu me prendre pour un jeune gaulois sur le point de faire une invocation druidique ; j'arrivai ainsi dans la coulisse et toute prête à entrer en scène. Quelques cravates blanches me firent signe qu'ils me trouvaient belle, non, qu'ils me trouvaient beau. Je dépassais tous les autres pages par ma taille. Je ne pus m'empêcher de sourire en voyant quelques crayons prendre mon esquisse pendant que mes compagnes faisaient la grimace. En sortant de scène, M. Meyer me dit : voilà des cheveux trop longs.

César Pluque me dit avec brutalité : « Vous me releverez vos cheveux ! ! » Je ne repondis pas, mais mon esprit gouailleur me revenant, je ne pus m'empêcher de m'écrier, une fois dans la loge : « O Meyer ! O César ! O Lacoste ! ce n'était pas la peine de faire vos humanités pour publier si vite votre histoire de France, si toutefois vous l'avez jamais apprise, faut-il transformer de jeunes nobles gaulois en évadés de Toulon ! Il fallut céder à des chefs aussi érudits et lorsqu'après j'entrai en scène, les cheveux relevés sous mon casque, j'avais l'air d'une tête de veau coiffée du casque de Minerve, c'était original et digne d'une esquisse de Grévin, il ne manquait plus que la musique de Lécoq à l'orchestre, les têtes étaient de circonstance et toute la gloire en revenait à la haute érudition des chefs. Je crois que l'Opéra est le théâtre le plus fertile en non sens et en bizarreries qui existent au monde.

Pourquoi me direz-vous? Mais parce que se sachant le sanctuaire du grand monde, le prestige de l'Opéra couvre tout. Je vais vous citer une de ces bizarreries. Dans le ballet de la *Farandole*, l'ordre était donné que les Arlésiennes fussent outrageusement décolletées et la gravure que Lacoste copiait le témoignait assez. Pourtant le soir on joue *Aïda* et j'entend Tartufe Saurose qui se plaint à Pluque César de la façon suivante : « Monsieur, la femme poète est trop décolletée, c'est honteux ! » César Pluque ne répond rien et prend un air de dignité froissée. Comment on ose se mêler de son service ! Tartufe

Saurose reprend : tous les hommes se portent du côté de la femme poète, je ne peux pas en venir à bout ! Tartufe Saurose est un surveillant chargé de maintenir l'ordre parmi les choristes ; il s'en acquitte avec plus de loyauté que Ponceau. Pourtant César Pluque, qui n'a su jamais dire sa façon de penser à un homme, garde le silence. Une femme, ce serait autre chose, mais la femme poète qui a entendu, trace avec son crayon sur un décor ;

A TARTUFE SAUROSE

Un sein bondissant du corsage d'un poète,
Se plaindre à cette vue, faut-il être assez bête.
Si tu as une femme, tu es peu fortuné,
Car aux longs pendards tu es donc habitué.

Et riant de tout son cœur elle s'écrie :

Oh ! plafond doré de l'Opéra, que d'idiotisme tu couvre, on réclame des ruches à la Henri IV pour des costumes Africains. et il faut être à moitié nue pour une Arlésienne ! Je ne veux pas terminer cette étude sans vous donner le modèle d'une lettre, trouvée par moi, dans le couloir et que j'ai fait encadrer, l'heureux destinataire devait être quelque Arnolphe qui doit avoir en horreur Mesdames les servantes ; jugez-en :

Chaire rammoure,

Je te remercie de mavoire fai passé de la figuration dan la dance je ne frékenteré plus ses çalles fame de la figuration. Comme Liddıa te fourni lé chou et navet pour ton pot au feu à l'œil si tu veux je te repasseré té chemises et ma mère qui et laveuse au lavoir sin Piérre te lé lavera à l'œil tu serat bién genti chaire rammoure de me faire passée étoile est de dire a Mérande que geai fait dé progrés je t'enbrasse comme je t'éme mon lapin chéri fame Lecompte.

Voyons, me suis-je dit, après avoir lu ce modèle de style épistolaire qui doit faire frémir l'ombre de Mme de Sévigné; voyons est-ce le lavage des chemises qui est à l'œil ou le bouillon du pot-au-feu, mais je me suis rappelée ce que Lidia avait dit au sujet des engagements. Quel pouvait être le bien-aimé de cette blanchisseuse, je ne le sus jamais; pourtant je croyais qu'à l'Opéra la loi était formelle et qu'une figurante ne pouvait passer dans la danse; mais à l'Opéra, il y a des passe-droits aussi bien que partout.

Je ne dirai pas comme le grand poète défunt : Tu n'es qu'un singe; mais je le répète : sous la peau de l'autorité, tu n'es qu'un danseur, même pas créateur d'un ballet; il a fallu une brute pour être à la tête de ces femmes, que tu te crois en droit de tutoyer comme un noble ses valets, il a fallu quelque chose qui épouvante par sa laideur, on t'a choisi. Qui eut voulu le prendre ce poste dans lequel tu te pavanes; personne. L'homme en France est bon pour la femme et si un autre eut pris ta place, les tremblantes créatures que tu diriges ne l'eusseut pas craint assez; de là, indiscipline; il fallait une brute, elle n'était pas facile à trouver pour diriger des femmes, personne ne s'y prêtait, ta brutalité était notoire. On te donna ce poste qui te vaut tant de haines cachées et tant de mépris dissimulés.

Maintenant, Pluque à bas les masques, ta brutalité ne me fais pas peur et je te défie de dire que tout ce que j'ai avancé ici n'est pas vrai : ta pose et ton ignorance, ton cynisme, est une tactique pour ne point montrer ton ignorance, ce qui arrive toujours aux gens qui sont épouvantés de la moindre idée intellectuelle. Je te prie de remarquer que je me fais une gloire de signer, et que l'auteur qui écrit cette brochure t'attend et te montre au doigt comme calomniateur et le jouet de ton valet.

Voilà, telle qu'elle est, la discipline dont on parle tant à l'Opéra.

Gabrielle Randon.

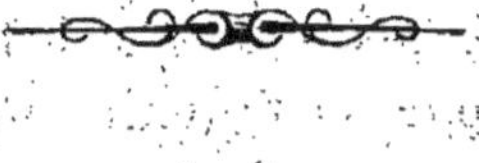

PARIS. — IMPRIMERIE G. RANDON, 33, PASSAGE DE L'OPÉRA

Gabrielle Randon

www.ingramcontent.com/pod-product-compliance
Lightning Source LLC
LaVergne TN
LVHW020241230826
846091LV00006B/2214

* 9 7 8 2 0 1 9 4 7 9 3 8 1 *